Alimentos bajo sospecha

Gustavo Duch

Alimentos bajo sospecha

Recetas para una alimentación inteligente

los libros del lince

Los panfletos del lince
[Panfleto: 'folleto u hoja de propaganda política o de ideas de cualquier clase' (Diccionario María Moliner).]

Diseño de colección y cubierta: Lucrecia Demaestri

Primera edición: agosto de 2011

Corrección de pruebas: Ātona, S.L.
Fotocomposición: gama, sl.
Impresión y encuadernación: Thau, S.L.

Enrique Granados, 135, ático 3.ª
08008 Barcelona
www.loslibrosdellince.com
info@loslibrosdellince.com

ISBN: 978-84-15070-13-9
Depósito legal: B. 29.729-2011

ÍNDICE

PRÓLOGO

UN PEDRISCO DE PATENTES NOS ARRUINÓ LA COSECHA
EL ROTO
PARA GUSTAVO DUCH

INTRODUCCIÓN

La perca del Nilo, a veces vendida como mero, llega a Europa desde el lago Victoria, en el centro de África. Brasil ya es el máximo exportador mundial de pollos; al igual que Chile lo es en el negocio de criar, engordar y repartir salmones por el mundo entero. Los pepinos de España viajan a Holanda en invierno; en verano hacen la ruta en sentido contario. Los espárragos de Navarra sólo se envasan en Navarra una vez llegan allí procedentes de Perú o China. El filete de panga que sirven a la hora de la comida en las escuelas españolas viajó desde Vietnam, y el atún enlatado con marcas hispanas proviene de El Salvador o de los mares de Somalia, donde se pesca sin pedirle permiso a nadie.

Los pollos, para que engorden deprisa, no pueden ver el sol, no salen de sus granjas, donde malviven más amontonados que anchoas en lata, para que no hagan más que comer y aumentar de peso. Las gallinas ponedoras padecen de exceso lumínico para que pongan más huevos, y apenas pueden dormir. Los cerdos crecen tan apretujados que cuando uno de ellos estornuda, todos los demás se contagian de gripe. A las vacas, que son vegetarianas, durante una temporada loca se las alimentó con restos de vaca. Ahora se investiga cómo engordar peces carnívoros con una dieta rica en soja. La soja también alimenta a los coches (agrocombustibles), y con sus desperdicios aún se consiguen raciones de pienso para los cerdos.

Puede parecer mentira, pero es verdad. Puede parecer exagerado, pero es literal. Así es la alimentación del siglo XXI. Un rarísimo sistema contranatura que está en manos de muy pocas multinacionales, que ganan dinero a base de arruinar la pequeña agricultura tradicional, de ensuciar y contaminar el planeta, y, como vemos a menudo, susto tras susto, de poner en jaque la salud de la población consumidora. Vacas locas, dioxinas, gripes, *E. coli*... Todas estas enfermedades siguen el mismo patrón; patologías graves cuyo origen es bien conocido: **la codicia.**

Pero hay una alternativa por descubrir, otra forma de crear alimentos que debemos exigir: una agricultura que garantiza la salud para la población consumidora, una economía que sabe evitar el hambre del Sur y la obesidad del Norte, una tecnología sujeta voluntariamente a las leyes del medio ambiente, y, además, un menú en nuestras mesas que sería la señal de que hemos recobrado la seguridad y el sabor de nuestros alimentos, y que devolvería la vida al medio rural. Es **la soberanía alimentaria.**

Transformando un proverbio africano, se explicaría así:

> «Mucha gente pequeña, en muchos lugares
> pequeños, cultivarán pequeños huertos...
> que alimentarán al mundo».

I

LA SALUD EMPIEZA EN EL PLATO

Supongo que todos nosotros conocemos uno o más ejemplos parecidos. Historias de campesinos fuertes como robles. El mío era el abuelo Santos y los años que vivió, que fueron muchos y saludables. Estaba claro por qué. Santos nació y vivió siempre en un pequeño pueblo segoviano rodeado de naturaleza en estado puro. Sus labores, de hortelano y ganadero, las llevó a cabo sin productos químicos. Y su alimentación, basada en sopas, legumbres, verduras y poca carne, fue casi toda producida por la misma familia o por vecinos de los aledaños. La vejez le trajo, como es normal, los consabidos achaques, con los que nos demostró de nuevo su mucha fortaleza acumulada en cada bocanada de aire aún puro aspirada durante sus ochenta y tantos años anteriores. Aunque, cuando su vida ya tocaba a su fin, los traslados a la capital para someterse a alguna hospitalización, prueba o revisión, eran para él un verdadero engorro.

¿Podemos decir actualmente lo mismo acerca de nuestras vidas? Es decir, ¿tenemos referencias de que la salud de las personas vaya mejorando con la civilización globalizada? Creo que podemos afirmar que no, que obviamente han mejorado mucho los sistemas sanitarios, la medicina en general, y que gracias a ella se sobrevive más años... Pero la salud de las personas —como la del planeta que nos acoge— parece cada vez más mermada.

Mucho tiene que ver en todo esto nuestro sistema alimentario global, que, con un enfoque exclusivamente mercantilista, produce sobre todo alimentos baratos de tres tipos: los de baja calidad (las verduras y frutas de invernadero, por ejemplo), los de dudosa calidad (los productos que contienen elementos transgénicos, por ejemplo) y, a veces, los claramente dañinos (alimentos contaminados con dioxinas, por ejemplo). Y aunque parezca que tenemos mucho donde escoger, la globalización alimentaria, más que traernos la diversificación nos ha llevado a una homogeneización de las dietas (ricas en azúcares y grasas) que es en sí misma un atentado contra la salud y la cultura culinaria de la población.

Jugar con alimentos de orígenes tan diversos ha requerido incrementar las medidas de seguridad alimentaria, pero ni con ellas nos escapamos de crisis como las de las vacas locas, la gripe A, o las producidas por las mencionadas dioxinas.

Porque solucionar estos problemas no es una cuestión de más vigilancia, es cuestión de recuperar un modelo de producción que nos encauce a seguir una dieta equilibrada y sensata. De hecho, el actual diseño tan férreo de las normativas sanitarias para los alimentos suele beneficiar a las grandes corporaciones fabricantes y transformadoras de alimentos, arrinconando las prácticas sencillas del campesinado, que favorecerían el consumo de proximidad y confianza.

Pero, además, se aprecia otro factor grave en esta nueva realidad. Si de alguna forma la salud, la fortaleza, en nuestra conciencia colectiva se atribuye a la gente del campo —gente saludable, decimos, pensando en abuelos como Santos—, esta situación, también como consecuencia del modelo de producción que se nos ha impuesto, ha cambiado a peor. Los agricultores, los trabajadores y trabajadoras del campo, conforman uno de los colectivos con más riesgo de caer enfermo, no sólo porque son víctimas de accidentes laborales por el exceso de esfuerzo, el empleo de maquinaria peligrosa o ciertos trabajos manuales, sino por el uso (y abuso) poco controlado de productos químicos que, de nuevo, sólo sirven para enriquecer la agroindustria. Las estadísticas son alarmantes.

Y si en pocos años mucho han cambiado las

cosas para las gentes del campo, otras, lamentablemente, se mantienen intactas, como la discriminación que existe en el acceso a los servicios públicos sanitarios. Muchos pueblos del estado español carecen de algunos servicios básicos (ecografías, radiografías, servicio de ginecología, ambulancias...) y casi siempre todo está demasiado lejos y demasiado centralizado, tanto o más que en tiempos del abuelo Santos. Las tendencias neoliberales y la actual crisis económica no hacen más que acentuar el problema, pues las medidas que se aplican, tendentes a la privatización de los servicios sanitarios (como el copago), harán más grande la brecha que aleja a unos ciudadanos de otros. Entre la gente del medio rural y del medio urbano; entre las personas mayores y los más jóvenes; entre los más pobres y los más ricos, y desde luego entre mujeres y hombres.

La agricultura industrial no sólo provoca la desaparición de muchas fincas y unidades agrarias, fomenta la pobreza en el medio rural, la competencia en los países del Sur y los desastres medioambientales, etcétera, sino que también es la responsable de muchas muertes en el campo y en la mesa. Por eso, desde los movimientos campesinos se defiende la idea de recuperar el control de la agricultura y la alimentación, es decir, recuperar nuestra soberanía alimentaria con una agricultura campesina a pequeña escala como la única vía posible para alimentar al mundo de forma justa, sana y sostenible.

Y LOS PLATOS ESTÁN INTOXICADOS

Andamos como topos bajo la tierra, ciegos y sin saber qué se vierte sobre nosotros. Y como los sombrereros artesanales que inspiraron a Lewis Carroll, aturdidos por la intoxicación crónica de mercurio que inhalaban en su trajín, muchas personas del planeta somos víctimas de contaminaciones invisibles.

Mercè me informó de que, por fin, una sala comercial de Barcelona proyectaba el documental francés, *Nuestros hijos (e hijas) nos acusarán*. En los primeros fotogramas el doctor John Peterson Myers pregunta a los participantes de la sala de la UNESCO que les acoge, ¿quiénes de ustedes tienen familiares o amistades cercanas con cáncer, o que hayan tenido cáncer? ¿Y diabetes? ¿E infertilidad? Finalmente, les pide a aquellos que han levantado la mano alguna vez que la vuelvan a levantar. El conjunto, cerca de la totalidad de los presentes, es una muestra de la proporción actual de personas que en nuestro planeta sufren enfermedades que la ciencia cree vinculadas a factores medioambientales.

En Europa, según informa el documental, el 40% de los casos de cáncer tiene su origen en los tóxicos que ingerimos a través de nuestra alimentación. En Francia, el número de hombres con cáncer se ha incrementado en más de un 90% en los últimos 25 años. La OMS presentó en 1995 un estudio en el que se estimaba —reconociendo que podían ser muchos más— que cada año tres millones de personas (mayoritariamente agricultores, agricultoras y sus familias) resultan envenenadas por pesticidas agrícolas.

Pero la agricultura industrial y su paquete agrotóxico va infectando cada vez más terreno. Seguramente por eso Myers dice que la actual generación de niñas y niños será la primera de la historia moderna que tendrá peor salud que la de sus progenitores.

Hay evidencias suficientes, no esperemos a encontrar más pruebas. La política y sus intereses dicen: «Sigan la corriente. Sigan al Conejo Blanco». Engañan con su Mundo de las Maravillas. Fingen que todo es perfecto.

Mercè no pudo acompañarme al cine, imposible. Sufre sensibilidad química múltiple. Como miles de otras personas que, después de una exposición aguda o crónica a plaguicidas, disolventes, barnices, u otros productos químicos, pierden su protección frente a cualquier nueva agresión tóxica. No es un sueño del que pueden, ¡oh, Alicia!, despertar.

La FAO en el año 2007 corroboró lo ya sabido: que el mundo puede alimentarse sin agricultura química. Entonces, ¡cuidemos la tierra y sanaremos a la humanidad!

2
TRANSGÉNICOS HASTA EN LA SOPA

En la actualidad, dos de los transgénicos más extendidos llegan cada día a nuestro platos, aunque sea en bajas dosis o como residuos. Soja bañada de un pesticida llamado glifosato, y maíz que incorpora una toxina letal para los insectos, y peligrosa para los seres humanos.

La soja, no la confundamos con la usada en la alimentación asiática, llega a todo el mundo desde el cono sur de Latinoamérica y especialmente de Argentina; y su rasgo transgénico la hace inmortal al uso del herbicida llamado glifosato (fabricado con la marca Round-Up por Monsanto, entre otros productores), por lo tanto, las inmensas plantaciones de soja transgénica de esas regiones se riegan y riegan con esa sustancia. Aunque aquí no consumimos esa soja directamente, es la base de la alimentación de nuestra ganadería intensiva y un ingrediente importante de la comida industrial, en forma de lecitina, un emulgente de las grasas que se encuentra en la bollería, las salsas, las papillas, etcétera.

¿Y qué ocurre con los seres humanos que entran en contacto directo con el glifosato, como ocurre en muchas poblaciones de esas regiones productoras de soja? Los datos empíricos son claros: malformaciones embrionarias, enfermedades dérmicas, respiratorias, y aumento de casos de cáncer. Tras investigar sus efectos en animales de laboratorio, se han llevado a cabo numerosos y rigurosos estudios muy preocupantes. Entre otros, el doctor Robert Bellé, director del Centro Nacional de Investigaciones de Roscoff en Francia, determinó que el glifosato puede inhibir el cese de la reproducción de una célula en ensayos realizados con el erizo de mar; el doctor Dick Ralea, de la Universidad de Pittsburg, descubrió que la aplicación de glifosato sobre fuentes de agua con anfibios en desarrollo destruía el 70% de la biodiversidad de anfibios y el 86% en renacuajos; investigadores oncológicos suecos informaron en el *Journal of American Cancer Society* acerca de una estrecha relación entre el linfoma no Hodgkin (un tipo de cáncer) y el glifosato; y, por último, las más conocidas investigaciones dirigidas por el doctor Gilles-Eric Seralini, de la Universidad de Caen y asesor de la Comisión Europea, demuestran, en unos trabajos publicados en la revista *Scientific American*, que tal sustancia produce la muerte de las células embrionarias, placentarias y del cordón umbilical, dando origen a malformaciones, teratogénesis y tumores.

El mismo doctor Seralini alerta en un reciente estudio publicado en el *International Journal of Biological Science* sobre lo que les pasa a los animales de experimentación alimentados con el maíz que contiene las toxinas Bt (*Bacillus thuringiensis*, antes mencionado): a los tres meses, en los análisis de sangre encuentra un aumento de grasa en sangre (del 20 al 40%), de azúcar (10%) y problemas de riñón y de hígado. Y este maíz, aunque sólo está aprobado para alimentar ganado, lo tenemos más cerca. En España hay 100.000 hectáreas dedicadas al cultivo de maíz transgénico. Está demostrado que este maíz transgénico contamina los cultivos convencionales o ecológicos de maíz para el consumo humano. Saquen ustedes la conclusión.

Éstas son algunas de las hipótesis sobre los efectos de tan sólo dos de estos elementos en nuestra salud. Pero mencionaré un peligro más. Miren, a medida que los transgénicos avanzan, desaparecen las pequeñas fincas productoras de alimentos diversos y de calidad. La soja arruina las chacras y tambos y en Argentina han de recurrir entonces a aliméntarse de carne producida intensivamente, siempre menos saludable que la producida de forma extensiva, sin nada más que sol y hierba. En España el avance del maíz transgénico significa la desaparición del pequeño hortelano, y últimamente no nos queda otro remedio que comer lechugas y tomates producidos bajo plásticos, y con mucha química encima.

Y EN EL SUR, FUMIGACIONES A MANSALVA

Todas las profesiones manejan su propio diccionario. Si quieren hablan sin parar de sus cosas y con su lenguaje, y —los ajenos— nada entendemos. Lo mismo hace la clase política, sólo que más a menudo y sin ruborizarse. Se escudan detrás de palabrejas cuando no quieren decir nada, mal usando el lenguaje, que se ideó con el propósito contrario.

En otras ocasiones te encuentras con quien sí quiere que le entiendas, con quien sí sabe qué decir, con quien se expresa sin tapujos porque conoce sus argumentos, y los defiende.

El pasado 29 de agosto, en una carta dirigida a Cristina Fernández, la presidenta de la República Argentina, los miembros de los equipos de salud de los Pueblos Fumigados de Argentina, junto con los científicos, investigadores, estudiantes y académicos que estudian esos problemas, llamaron a las cosas por el nombre que tienen. Y dijeron:

Que, como los propios habitantes de los Pueblos Fumigados vienen denunciando desde hace varios años, es muy importante la agresión a la salud humana en las poblaciones de las localidades sometidas a fumigaciones constantes, y que la situación se agrava día a día. Que enfermedades severas como cánceres, abortos espontáneos, trastornos de la fertilidad y nacimiento de hijos con malformaciones congénitas se detectan ahora, con mucha mayor frecuencia, en las poblaciones sistemáticamente fumigadas a consecuencia del actual modelo de producción agroindustrial, con la soja en cabeza. Que la utilización de plaguicidas no deja de aumentar año a año, y que el aumento de su consumo creció en cuatro años casi un 1.000% (cuando curiosamente los «monsantos» y compañía presumen de que la transgenia es menos dependiente de los pesticidas). Que los doce millones de personas que habitan en pueblos fumigados reciben en forma directa las aspersiones con estos venenos, porque se realizan sobre sus viviendas por vía aérea o en forma terrestre hasta el límite mismo de sus casas y localidades. Y que se PROHÍBAN inmediatamente las fumigaciones aéreas en todo el territorio nacional, como ya se estableció en la Unión Europea, y se restrinjan las fumigaciones terrestres alejándolas del límite de las plantas urbanas de los pueblos.

Aquí en Europa maquinamos bien el modelo productivo agrícola, y procuramos protegernos. Ahora bien, lo que no queremos para nuestros pueblos, no nos importa exportarlo a los pueblos del Sur. ¿Tenemos algún eufemismo para disimular frente a este doble rasero? Se abre la convocatoria.

3
NUEVAS RECETAS INCOMESTIBLES

¿Saben ustedes qué es la nanotecnología? Yo empecé a oír hablar de ella aplicada a la agroindustria en el año 2003 en Cancún (México), cuando acompañaba a unas charlas a una de sus ponentes, Silvia Ribeiro, la investigadora del Grupo ETC, en los espacios alternativos organizados frente al operativo que protegía la cumbre ministerial de la Organización Mundial del Comercio. Confieso que pensé que hablaba de ciencia ficción. Pensé que, esta vez, ese magnífico equipo de estudiosos atentos a los impactos sociales y ecológicos que traen consigo las nuevas tecnologías, y cuyos informes respecto a los transgénicos o los sistemas de propiedad intelectual —por citar algunos ejemplos— han sido tan significativos, estaban disparando contra un blanco equivocado. Era yo, sin embargo, el que se equivocaba; yo no lo veía, porque en realidad estaban disparando contra un blanco invisible, pero real. Pasados ya unos años, la nanotecnología está bastante más presente de lo que percibimos.

«Actualmente —explicó Silvia para el diario mexicano *La Jornada*— se conocen a nivel global más de 800 líneas de productos de venta directa al consumidor que contienen nanopartículas de plata o de carbono. Son usadas en barnices, pinturas, textiles, construcción, informática, telefonía, agricultura, alimentación, farmacéutica, cosméticos, vestimenta, entre otras industrias.» Pero además, el pasado 8 de enero lord Krebs, presidente del Comité de Ciencia y Tecnología de la cámara alta del parlamento británico, alertaba de que «es probable que el uso de nanopartículas en los alimentos y en los envases de comida aumente de forma drástica en la próxima década». Y, de hecho, hace unos días la prensa catalana nos informaba del apoyo que el Ministerio español de Ciencia e Innovación facilitaba a un departamento universitario en sus investigaciones con nanotecnología para mejorar la conservación de alimentos. Los llamados alimentos de cuarta gama. «La investigación —se explica en el diario— se centra en la utilización de nano-recubrimientos comestibles sobre frutas como la manzana, la pera, la piña o el melón, entre otros, para facilitar la incorporación de diferentes compuestos activos que mejoren la calidad y la vida útil del producto final.» Delicioso.

Es decir, el futuro que yo no podía imaginar ya está aquí o, al menos, ahora ya lo visualizo. Y lo primero que constato es que la manipulación de la materia en la escala de los átomos y las moléculas, que eso es la nanotecnología (un nanómetro es la millonésima parte de un milímetro), avanza oculta bajo una grave falta de información y sin ningún debate con la sociedad en general, y en el caso concreto de su aplicación en la alimentación, con las organizaciones de consumidores y productores. Ocurrió con los transgénicos, y es un mal augurio. Cómo se verá afectada la sociedad, cuál será su impacto ecológico y en la salud de las personas, quién se beneficiará de esta nueva tecnología y quién la controlará, son preguntas que deben responderse también para forzar que se establezcan políticas públicas que regulen este nuevo campo tecnológico. El propio lord Krebs alerta de que «la industria alimentaria, tanto en Reino Unido como en el resto del mundo, está siendo "bastante oscura" sobre cualquier trabajo en el que emplean nanotecnología para sus productos o para el envasado: exactamente la actitud equivocada».

Krebs acusa a la industria de oscurantismo y denuncia que no tenemos información suficiente sobre sus implicaciones en la seguridad de la salud humana. Silvia Ribeiro llega más lejos y documenta que hay más de 500 estudios científicos publicados en los últimos años que demuestran la toxicidad de diferentes nanopartículas, nanocompuestos y productos nanoformulados, en animales de laboratorio, en cultivos de células humanas y en el medio ambiente (en suelo, agua, cultivos, microorganismos, algas, invertebrados). Finalmente, tenemos que mencionar el estudio publicado el 20 de agosto de 2009 en el *European Respiratory Journal*, un texto escrito por investigadores chinos liderados por Yuguo Song, del Departamento de Enfermedades Laborales y Toxicología Clínica del Hospital Chaoyang de Beijing, donde se demuestran por primera vez los daños fatales en personas que han tenido contacto con nanopartículas. Siete trabajadoras chinas enfermaron gravemente luego de haber trabajado algunos meses en una fábrica de pinturas que usaba nanopartículas. Dos de ellas murieron. Los análisis mostraron la presencia de nanopartículas de 30 nanómetros de diámetro en los pulmones y fluidos de las víctimas, exactamente como las contenidas en la pintura que usaban. Invisibles pero presentes.

Es obvio que mientras todos estos datos se contrastan y analizan, debería primar y exigirse el principio de precaución, y declararse una moratoria a la liberación comercial de productos con base nanotecnológica, por mucho que la industria nos quiera vender sus bondades y maravillas, que eso también lo hicieron con los transgénicos o la energía nuclear. Sus argumentos los conocemos: las nuevas tecnologías se utilizarán para aliviar el hambre del mundo, para combatir el cambio climático, etcétera, pero yo tengo mis reparos, porque —volviendo a sus aplicaciones en la agricultura y alimentación— estamos ante innovaciones que, ojalá me equivoque, controladas por las grandes industrias, se utilizarán al servicio exclusivo de los intereses de éstas. Será una pieza más que encajará en el puzle de la agricultura intensiva y sin mano de obra. Con semillas modificadas por nanotecnología, con agrotóxicos producidos con nanotecnología, etcétera, se generará más dependencia del agricultor con la industria. Si en el desarrollo de la tecnología no hay espacios de reflexión colectivo y democrático, presenciaremos un nuevo codazo que se usará para desplazar a la agricultura conducida y manejada por los mismos agricultores y agricultoras que reproducen sus semillas, las intercambian, las custodian y aseguran la diversidad que la Vida exige.

Y TODO SE PERMITE

Durante el mes de julio de 2010 en el Parlamento Europeo se han producido posiciones mayoritarias en favor de legislar de modo que se defienda la salud de las personas y del medio ambiente. O, en cualquier caso, en favor de un paso previo fundamental: que se aplique el principio de precaución. Así, mientras que los pasos para la aprobación de nuevos cultivos transgénicos se hacen cada vez más sencillos y flexibles, el Parlamento Europeo (a diferencia de la Comisión y el Consejo) considera que deben existir mecanismos que eviten el consumo de dos tipos de «supuestos» nuevos alimentos. Nuevos y extravagantes.

Por un lado, el Parlamento Europeo deja claro que «en la elaboración de alimentos a partir de animales clonados y su descendencia debe aplicarse una moratoria a su comercialización». Como explica la ponente en este asunto, la diputada holandesa Kartika Liotard «una mayoría clara en el Parlamento Europeo apoya las objeciones éticas a la producción industrial de carne clonada. Los animales clonados sufren altos índices de enfermedades, malformaciones y muerte prematura, y los diputados han pedido que haya una regulación apropiada. Es hora de que la Comisión escuche al Parlamento Europeo y a los ciudadanos».

Por otro, el Parlamento Europeo también se ha pronunciado sobre los alimentos producidos mediante nanotecnologías. Defiende que no se puedan incluir en la lista europea de nuevos alimentos hasta que una evaluación de riesgos demuestre que su uso es seguro. Pero los diputados saben que las nanotecnologías ya se han empezado a utilizar en la alimentación y en los envases alimentarios, por eso insisten en que cualquier «nano-ingrediente» debe estar indicado en la etiqueta del alimento.

Y aquí la eurocámara y muchos grupos ecologistas y movimientos campesinos continúan la labor iniciada con la histórica reclamación de obligar a que los productos elaborados a partir de animales alimentados con piensos modificados genéticamente sean etiquetados con claridad: «Producido a partir de animales alimentados con piensos modificados genéticamente». Reclamación sustentada en el derecho de las personas consumidoras a elegir, si así lo desean, una alimentación libre de transgénicos. Reclamación que en Europa sigue en la lista de espera mientras toda la carne, leche y huevos que se consumen provenientes de ganadería no ecológica ha sido alimentada con piensos que contienen ingredientes transgénicos.

4
CARNE INDUSTRIAL

Con la gripe H1N1, o gripe A, hemos aprendido mucho acerca del sistema sanitario mundial. Investigaciones y denuncias a contracorriente han sido claves para desvelar los tejemanejes de la industria sanitaria junto con —digamos— el beneplácito de los gobiernos y de la Organización Mundial de la Salud. Pero, ¿qué hemos aprendido del sistema agroalimentario? Seguramente ustedes recordarán que lo que hoy llamamos gripe A era denominada al principio gripe porcina, nombre que mostraba su relación con los virus influenza que se desarrollan en los cerdos. Y quizá también tengan presente los lectores una de las primeras suposiciones acerca del origen de ese foco infeccioso, el niño Edgardo Hernández, al que se le diagnosticó la enfermedad en el pueblecito de La Gloria en el Valle del Perote, México. Casi automáticamente se señaló como principal sospechoso del contagio a la industria de las granjas Carroll, instaladas en la zona.

La relación de esas granjas industriales porcinas con la nueva gripe parecía evidente. Pero esa opción no se ha confirmado técnicamente por varias razones. La primera es que, según los informes de los que dispone el gobierno de México, en estas granjas no hay gripe porcina y por lo tanto no puede ser la fuente contagiosa. Lamentablemente, la información que utilizan los órganos oficiales de México es facilitada por los veterinarios de la propia granja. La segunda razón por la que no se ha confirmado la relación son los resultados del estudio médico en la población de La Gloria. Una muestra del 10% de las 450 personas afectadas de algún proceso respiratorio, de una población total de 3.000 habitantes, ofreció, curiosamente, sólo un caso positivo: Edgardo.

Ésas son las informaciones oficiales. Y contrastan con las presentadas recientemente por el profesor de Economía de la Universidad Autónoma de México, Octavio Rosas Landa, a través de un documental disponible en www.grain.org. El documental y el trabajo de Rosas dejan claro el malestar de las poblaciones de dicha región hacia instalaciones como las granjas Carroll, a las que acusan del contagio de la gripe y de otros impactos sociales y ecológicos que les han llevado a movilizaciones y reivindicaciones desde el año 2005.

Granjas Carroll pertenece a la mayor empresa productora de cerdos en todo el mundo, la estadounidense Smithfield Foods y, al igual que otras granjas similares, se fue instalando en el Valle del Perote a partir de la firma del Tratado de Libre Comercio entre México, Estados Unidos y Canadá. Sin aranceles de protección en las fronteras, el maíz de Estados Unidos, altamente subvencionado, penetró rápidamente en el mercado mexicano, empobreciendo a los agricultores locales. Mientras tanto, Smithfield recibía denuncias por su mal comportamiento ambiental y por el trato dado a sus trabajadores en las zonas de Estados Unidos donde estaban sus instalaciones. Algunos ejemplos: en 1985 un juez de la Corte de Justicia de Estados Unidos multó a Smithfield por contaminar el río Pagan, de Virginia. En 2000, organizaciones ambientalistas documentaron 36 demandas contra las operaciones de Smithfield en Carolina del Norte. En su informe de 2005, «Sangre, sudor y miedo», la organización no gubernamental Human Rights Watch denunció los abusos de Smithfield y de otras empresas cárnicas y avícolas de Estados Unidos en el trato a sus empleados: dificultades para la sindicación, pocos medios para evitar lesiones y accidentes durante los trabajos, y sobreexplotación de mano de obra inmigrante.

Así pues, las facilidades del gobierno mexicano permitieron la deslocalización de parte de la industria porcina de Estados Unidos hacia México, donde esas empresas saben que tendrán que preocuparse muchísimo menos por las condiciones laborales de los trabajadores y trabajadoras, y donde el seguimiento de las leyes medioambientales es mucho más laxo. Y aquí radica uno de los problemas: en instalaciones como las granjas mexicanas de Carroll se albergan en cada uno de los módulos unos 18.000 cerdos. En su caso, multiplicado por el número de módulos, supone una población de más de 90.000 cerdos en una sola instalación. Granjas de este tamaño requieren de un funcionamiento muy riguroso si se quiere minimizar sus efectos contaminantes. Pero, buscando el abaratamiento de la producción, deslocalizar es sinónimo de rebajar los controles y umbrales de seguimiento. El documental citado muestra cómo en las Granjas Carroll los cerdos muertos no son siempre incinerados, como exigen las normativas, sino depositados en fosas. Además, los purines o desechos líquidos de las granjas se mantienen en unas lagunas de oxidación sin una correcta impermeabilización, y esas filtraciones al terreno ocurren muy cerca de los suministros de agua de boca para la población.

Más allá de los graves problemas ecológicos que se «exportan» a países empobrecidos, este modelo de granja no aporta ninguna riqueza a la zona: emplean a muy pocas personas, doce o trece por granja, y la alimentación de los animales no se hace con productos locales sino con pienso que trae de fuera la propia multinacional. En definitiva, tenemos un negocio de producción de carne barata que en buena parte se vende después en los McDonald's de Estados Unidos a los emigrantes mexicanos. El virtuosismo perfecto.

Muchos datos a la vista y ninguna reacción al respecto. ¿Qué fuerzas y qué intereses protegen a esta industria intensiva?

Y COMIDA SIN FRONTERAS

Si la moneda con la que nos manejamos, el euro, tuviera como base los valores ecológicos (una fórmula podría ser un paralelismo con sus costes energéticos), la forma de ver y valorar nuestro consumo sería diferente y sorprendente. Veamos algunos ejemplos de la cesta de la compra ofrecidos por el estudio de Ingeniería Sin Fronteras «Cuando el olmo pide peras», en donde los precios de los productos se establecen incluyendo los costes ecológicos no contabilizados jamás en los precios reales de venta de ningún producto.

Al comprar manzanas en una gran superficie, el precio del kilo estaría a unos 13 €, mientras que si las adquiriéramos en alguna agrotienda ecológica local, el precio no ascendería a más de 3 € el kilo. Tan gran diferencia se produciría porque, con mucha probabilidad, la manzana del súper llega de Chile, principal exportador de fruta fresca a nivel mundial. El encarecimiento es más que significativo y —en este caso se produce en buena parte por los casi 14.000 kilómetros que las manzanas han tenido que recorrer desde el huerto hasta la tienda—. No es una cifra baladí; observen: si la población europea evitara el turismo de estas manzanas viajeras, se ahorraría la energía suficiente para mantener a la ciudad de Barcelona iluminada durante... ¡tres años!

Si comparamos un kilo de tomates producidos bajo plásticos en El Ejido (Almería) con tomates producidos en cultivo agroecológico local en otras partes de España, la diferencia de costes, además del kilometraje recorrido, se deriva de la diferente forma de producir las hortalizas. El kilo de tomates industriales los compraríamos a 11 € el kilo, pues con la horticultura intensiva bajo plástico se gasta mucho combustible para las labores agrícolas, se gasta en fitosanitarios, en electricidad para el bombeo de agua, pero sobre todo en el uso de fertilizantes de síntesis elaborados a partir del petróleo. Los tomates ecológicos, en comparación, salen mucho más económicos, a 2 € el kilo, entre otras cosas porque en las huertas ecológicas se usan fertilizantes naturales elaborados a partir del estiércol. Y otra vez esa diferencia es de gran magnitud: según el promedio de consumo anual de tomates en Catalunya, «simplemente comprando tomates ecológicos, cada persona podría ahorrar una cantidad de energía equivalente a 22 días de consumo de nuestro frigorífico».

Por último, veamos las diferencias entre apostar por una pequeña ganadería local, donde la cría de los animales se sustenta en su propia producción de granos, y una producción industrial de cerdos que debe importar las materias necesarias para elaborar el pienso (cebada, maíz, sorgo y soja). Por un kilo de cerdo de la primera opción pagaríamos unos 7,5 de estos nuevos ecoeuros, y algo más de 24 ecoeuros por la carne industrial. Aquí los kilómetros que marcan esta gran diferencia no son tan visibles como en los dos primeros casos, pero están ahí: «con la energía destinada a la producción y el transporte para cerdos en Catalunya durante un año podríamos dar... ¡14.000 vueltas al mundo en coche!».

Sabíamos que el comercio de alimentos genera grandes beneficios para unas pocas multinacionales; sabíamos que, como consecuencia de esa nueva forma de producir alimentos, los hábitos alimentarios han cambiado en apenas una o dos generaciones; sabíamos que en todos estos intercambios y especialización los países del Sur salen muy perjudicados; pero faltaba desvelar que, además, este modelo alimentario global tiene unas fuertes implicaciones energéticas y una muy considerable contribución a la emisión de gases de efecto invernadero. Si tomamos los datos del Panel Intergubernamental sobre Cambio Climático (IPCC), se estima que la propia actividad agraria es responsable del 22% de las emisiones de gases (similar porcentaje a las emisiones de origen industrial, y más elevadas que las derivadas del transporte). Pero si seguimos pensando en el sistema alimentario al completo, como hemos visto con los ejemplos anteriores, debemos valorar también los gases emitidos en el procesamiento, transporte y distribución de alimentos, y la cifra asciende entonces a un 41%, según el Informe Stern o hasta un incluso más alarmante 57% según los estudios de la ONG GRAIN.

Y a pesar de tener constancia de estos datos, a pesar de las intensas reclamaciones de los movimientos campesinos presentes en la cumbre de Cancún sobre Cambio Climático, nada de esto ha aparecido en los debates mundiales ni en las insuficientes medidas aprobadas. De hecho, Cancún vuelve a ser un ejemplo más de todos esos encuentros internacionales que buscan soluciones parche que en nada puedan hacer tambalear a las verdaderas causas, el modelo capitalista que calienta el planeta. Lo cual tiene una sencilla explicación: la política actual actúa (o se inhibe) sometida al poder económico.

Mientras a nivel mundial esto no cambia, y frente a barbaridades ecológicas como consumir en Europa gambas cultivadas en Ecuador, procesadas en Marruecos y empaquetadas en Amsterdam, desde la ciudadanía tenemos la opción de exigir a nuestras instancias políticas que potencien y favorezcan el consumo local, de temporada y ecológico. Patatas, tomates o carnes que refresquen tantos bochornos.

5
LOS PIENSOS QUE NOS ALIMENTAN

Con la información que nos llegaba de Alemania, y que hablaba de la contaminación de dioxinas en más de cuatro mil granjas, la pregunta que surge es, ¿nos hacemos todas y todos vegetarianos estrictos? Porque, ciertamente, son muchos ya los casos de presencia de tóxicos en alimentos de origen animal, de pestes que se convierten en gripes y de vacas que se vuelven chifladas. Yo tengo mi propia respuesta, sencilla, pero que debo argumentarles.

Más allá de las posibles repercusiones que sobre nuestra salud se derivan del consumo de alguno de estos productos, cuestión ciertamente importante, lo que estos escándalos alimentarios ponen en evidencia es «el todo» de un modelo de producción animal que tiene muchos más problemas que ventajas. Y digo un modelo, porque me refiero exclusivamente a la forma imperante —muy lejana al buen saber campesino y ganadero— de engordar y criar animales en batería, estresados y aceleradamente... Será por eso que se le llama ganadería industrial o intensiva, porque parecería que estuviésemos fabricando cerdos o gallinas, como si fueran tuercas o furgonetas.

Analizar la contaminación de dioxinas en Alemania nos da muchas pistas. Cojan una lupa, por favor. En primer lugar, advertirán que la contaminación de una única fábrica de piensos podría poner en riesgo sanitario a muchísimas personas. En las granjas industriales de cerdos, vacas o gallinas, los animales ya no se alimentan con las materias primas que produce la misma finca o fincas cercanas, sino que funcionan totalmente desintegradas de la tierra y el territorio donde se instalan. Son cien por cien dependientes de alimentos que llegan del exterior. Además, los modelos políticos neoliberales han favorecido una gran concentración del poder en este punto de la cadena alimentaria, y son muy pocas empresas las que controlan todo el mercado de piensos para ganadería. Así, una sola partida de piensos contaminada contamina a millones de animales. Un dato: una única empresa controla casi el 20% del pienso que se produce en el estado español.

Sin autonomía, los costes de cualquier granja dependen de los mercados mundiales de materias primas, y si —como está ocurriendo recientemente— la especulación con los cereales o las leguminosas provoca un alza de precios en la bolsa de Chicago, los precios de los piensos de las granjas de Extremadura o Castilla se verán afectados. En definitiva, un modelo que ha hecho desaparecer de nuestros campos a muchas pequeñas ganaderías.

En segundo lugar, según ciertas informaciones, una de las hipótesis de la contaminación del pienso en Alemania lo atribuye al uso de aceites contaminados procedentes de fábricas de biodiésel, debido a la presencia de un exceso de pesticidas en la soja de que emana este combustible «verde». Si ampliamos estos datos con la lupa que tenemos en la mano observaremos con preocupación, con auténtica alarma, qué les dan de comer a los animales que posteriormente nos alimentarán: residuos que los automóviles vomitarían (¿recuerdan hace dos años los debates sobre las bondades de estos agrocombustibles y cómo nos decían que no competirían con la alimentación de las personas? No, no, nos decían... Esas dos cosas se complementan, lo rico para los coches, los desechos para las personas, ¡horror!). El biodiésel y los aceites desechados proceden todos de los monocultivos de soja de América del Sur. Las mismas cosechas de las que se han apropiado oligarquías, terratenientes y grandes corporaciones, expulsando del campo argentino, boliviano, uruguayo, paraguayo... a millones de pequeñas y pequeños campesinos que hoy duermen bajo techos de cartón en miserables villas. Los pocos que se quedaron en el campo denuncian constantemente el hecho de que el uso excesivo de pesticidas envenena sus aguas, sus tierras y sus vísceras. Sí, los mismos pesticidas sospechosos del biodiesel son la causa de todo ello, tal como los lectores ya habían imaginado.

Vamos, que en uno de los platos de la balanza de la ganadería industrial pueden sumar la creación acelerada de pobreza en el medio rural, los riesgos sanitarios y la destrucción del medio ambiente, y en el otro, su capacidad de producir muchos alimentos (o pseudoalimentos).

Pero existe otra forma de producir alimentos de origen animal: la ganadería a pequeña escala extensiva y transhumante, que —en comparación— aporta muchos más beneficios: comporta un trato mucho más respetuoso de los animales; genera productos alimenticios de gran calidad; permite aprovechar y mantener ecosistemas de enorme valor ecológico y ambiental como las dehesas y los pastos de montaña, y aprovecha enormes superficies no aptas para la agricultura; contribuye de manera eficaz a incrementar la materia orgánica y a conservar la cubierta vegetal de los suelos más pobres; ayuda a amortiguar el cambio climático; es un arma eficaz para el control de la proliferación arbustiva y la prevención de incendios; y —un hecho fundamental— se convierte en una actividad sostenible que permite fijar una población en el medio rural, tanto directa como indirectamente, en otros sectores económicos como las pequeñas industrias de transformación de alimentos, la hostelería o el mantenimiento de los paisajes.

Si me he explicado bien, entenderán mi respuesta sencilla (y tajante): «Hay que poner límites a una ganadería intensiva donde sólo ganan las grandes corporaciones de la alimentación».

Y LOS PIENSOS QUE NO PIENSAN

Tras la aparición de dioxinas en algunas granjas alemanas, como veíamos en el apartado anterior, la explicación se centró en la alimentación del ganado: piensos contaminados seguramente por la utilización de residuos procedentes de la elaboración de agrocombustibles. Los residuos que resultan del procesamiento del maíz o la soja para elaborar etanol son, desde un punto de vista nutritivo, semejantes a las harinas de dichos cereales, y conocidos como «granos húmedos de destilería». Este subproducto se utiliza como un ingrediente barato en la elaboración del pienso que se destina a la alimentación de la ganadería industrial.

Pues bien, repasando información al respecto, descubrimos, en primer lugar, en el documental *Food Inc.*, que un investigador veterinario, con las manos dentro del rumen de una vaca, explica que una alimentación excesiva de las vacas con granos en lugar de pasto o forrajes, favorece la presencia de cepas de la bacteria *E. coli* en los estómagos de las vacas, y por lo tanto en sus excreciones. Ya saben, esas bacterias *E. coli* que están provocando la actual epidemia en Alemania, una epidemia de la que se acusó precipitadamente a los pepinos andaluces, y que luego señaló a una fábrica de brotes de soja.

Con más concreción, en segundo lugar, averiguamos que desde el año 2007, científicos del Servicio de Investigación Agrícola de Estados Unidos han estudiado qué les ocurre a los animales alimentados con los «granos húmedos» que los coches y la industria desechan. En su centro de Investigación de Animales para Carne, en Clay Center, Nebraska, Roman L. Hruska ha determinado con 608 vacunos, que los animales alimentados con estos subproductos mostraron niveles significativamente más altos de *E. coli* O157:H7 en sus excrementos. Es decir, niveles más altos de una de las variantes graves de *E.*

coli perteneciente a la misma familia que la detectada en junio de 2011 en Alemania.

Cuando las vacas industriales que malviven encima de sus excrementos llegan a los mataderos con las patas y los cueros sucios, el salto de la bacteria a la carne es viable. Y ya tenemos carne picada con posibilidades de estar contaminada, como ocurrió en 1982 en Estados Unidos. Desde entonces se estima que cada año se producen en Estados Unidos 73.000 casos de infección y 61 muertes por esta variante de la bacteria *E. coli*.

Aunque también se han dado casos de contaminación de esta bacteria en botellas de zumo de manzana, en el agua, en espinacas, y queda aún abierta la hipótesis de la contaminación de vegetales en alguna fase de su larguísima cadena alimentaria. Así las cosas, y aun teniendo en cuenta que esta infección deriva de una nueva cepa, las preguntas clave que deben obtener también respuesta son: ¿necesitamos correr estos riesgos? ¿Todos los alimentos han de tener pasaporte para recorrer el mundo? ¿Hay alternativas a la ganadería industrial y al consumo excesivo de carne? ¿Es buena idea esa de los agrocombustibles? Ya sabemos que la dedicación de muchas tierras que en lugar de producir comestibles se usan para producir combustibles es uno de los elementos clave que, junto a la especulación financiera con los cereales, explica la subida de precio de la materia prima alimenticia que tanta hambruna está provocando. ¿No parece todo un despropósito? Un modelo agroganadero que provoca hambre en los países empobrecidos del Sur, y sustos epidémicos en los países industrializados (dioxinas, gripe A, vacas locas...), ¿parece sensato?

Así que ya metido a investigador de hipótesis, me aventuro a lanzar varias recomendaciones a quien corresponda:

— Revisen, las autoridades higiénico-sanitarias correspondientes, el «factor hamburguesa». Es decir, investiguen también las granjas industriales y acuíferos cercanos, para localizar el foco de contagio. Por si acaso.
— Revisen, las autoridades agroalimentarias correspondientes, este modelo de ganadería industrial que nos asusta día sí y día también, con el único propósito de producir «pseudoalimentos» aparentemente baratos. Por favor.
— Revisen, las autoridades políticas correspondientes, este modelo de alimentación global que guarda los mejores manjares para los coches, y cuyos residuos se convierten en la comida de nuestro ganado, y en último extremo también en la comida de los seres humanos. Por decencia.

— Revisen también un modelo que dedica, por ejemplo en Argentina, el 50% de sus tierras fértiles a producir soja, o en Estados Unidos el 30% de sus tierras fértiles a producir maíz, siempre en detrimento de la alimentación humana y de las campesinas y los campesinos que en esas tierras cosechaban su bienestar. Hoy desplazados a las periferias pobres de las urbes, sus parcos ingresos sólo les permiten comer en el Mc Donald's de turno... hamburguesas baratas. Por justicia.

6
NO GANAMOS PARA SUSTOS

La «crisis de los pepinos» o mejor dicho el brote de *E. coli* que afectó al final de la primavera de 2011 al norte de Europa es una buena ensalada donde se mezclan alarmas, angustias y mensajes de confianza. A la espera de respuestas definitivas sobre sus orígenes, y ahora que tenemos a los pepinos absueltos, me parece imprescindible abrir algunas reflexiones sobre el sistema alimentario global por el que hemos optado en los países desarrollados (y que se ha impuesto a los países del Sur empobrecido).

El sistema en cuestión ha sido diseñado para producir algo parecido a alimentos, a costes muy bajos, tanto económicos, sociales como ecológicos; y que, sin embargo, pueden producir altos beneficios a quienes se dedican a su comercialización. Los alimentos, lejos de ser considerados por las multinacionales como una necesidad y un derecho, se entienden como una mercancía, sin más. El caso de los pepinos es un buen ejemplo: los esfuerzos para cultivar, regar y cosechar un pepino representarán para el agricultor o agricultora 0,17 € por kilo vendido. La población consumidora pagará 1,63 € por kilo. Es decir, un incremento superior al 800%.

Mercancías con este margen son verdaderos diamantes que recorren el mundo siempre en una misma dirección, la dirección centrípeta: desde las regiones productoras a las poblaciones con más poder adquisitivo. Y pepinos, piñas o panga hacen viajes muy largos, en temporada alta y con muchas ciudades que visitar. Las administraciones, ante esta situación, no se plantean revisar el modelo, sino que optan por asegurar y aumentar los controles alimentarios. Pero por muchas medidas que se tomen, no hay nunca seguridad absoluta. Como hemos visto también con las dioxinas, la gripe porcina o las vacas locas, las crisis alimentarias son insalvables, y las acaba pagando la población consumidora (que puede enfermar) y la productora (que puede perderlo todo).

Las dimensiones del problema también las debemos tener en cuenta. Una partida de alimentos industrializados afectada de algún problema de salubridad significa que se liberan miles y miles de unidades contaminantes, por lo que aumenta mucho la dispersión y el alcance del brote o epidemia.

Por último, en Alemania, donde se ha podido

percibir cierta descoordinación entre las autoridades, han obrado tajantemente según el principio de precaución, impidiendo el consumo del pepino y otras hortalizas... por lo que pudiera ocurrir. El mismo principio que, en cambio, siempre queda relegado ante otros riesgos alimentarios no agudos pero sí a largo plazo, como por ejemplo el consumo de alimentos transgénicos o las nuevas prácticas de nanotecnología.

Pareciera que las multinacionales que controlan el sistema alimentario tienen lazos muy estrechos con las autoridades sanitarias, porque dichas autoridades sí permiten que las multinacionales puedan campar, acampar y cultivar a sus anchas.

A partir de estas reflexiones, y otras que se podrían añadir, parece lógico proponer que las medidas políticas en agricultura y alimentación se dirijan de una vez a revisar el modelo en sí mismo. No podemos resolver estas crisis con más puntos de control, con más tecnología; es un camino equivocado y sin salida. Sin embargo, como dice la doctora Marta Rivera «la soberanía alimentaria, que apuesta por la relocalización de los sistemas agroalimentarios y por modelos de producción campesinos, podría (además de alimentar a toda la población) incrementar también la seguridad alimentaria. Por un lado, los alimentos serían adecuados al contexto cultural, por otro lado, la agricultura campesina, desde el enfoque de la agroecología, favorecería la producción de alimentos sin tóxicos, disminuyendo el riesgo de consumir alimentos contaminados, y socialmente justos. Asimismo, el acortamiento de la cadena alimentaria y la reducción del número de intermediarios y transformaciones sufridas por los alimentos disminuyen los puntos críticos en los que los alimentos podrían resultar contaminados».

Y los beneficios quedarían en manos campesinas. Las alarmas sólo servirían para despertarles por la mañana, si el gallo se olvidara de cantar.

Y NO PARECE QUE APRENDAMOS

¿Qué sucedió con la gripe A? Han pasado ya muchos meses desde el tremendo susto, el agotamiento de las mascarillas y la fiebre de las vacunaciones masivas para millones de personas. Como es habitual en estos casos, se pasó de toneladas de información al más absoluto de los silencios, un cóctel que acaba desorientando por completo a la población. Por ejemplo, ¿recuerdan si dicha gripe se había originado o no en la ganadería porcina? Y lo más preocupante, ¿sabemos con seguridad si se han tomado las medidas apropiadas para evitar situaciones similares? Parece una película de cine donde al final te dejan sin saber quién es el malo, y qué se hace con él. Por esta razón, ahora que la crisis del *E. coli* empieza a amainar, debemos exigir no sólo mejor información en las fases críticas, sino también un seguimiento completo hasta el final. Hasta que salgan todos los créditos. Veamos.

Respecto a la información, realmente, ¿qué sabe la población consumidora de este rompecabezas? Pues por mucho que nos esforcemos en leer, preguntar y exigir, la sensación final no deja de ser inquietante. De entrada, y recordando otras crisis alimentarias como la de las vacas locas o la propia gripe porcina, ¿es proporcionado el nivel de alarma generado? O incluso, ¿qué intereses se esconden detrás de cada alarma? Las vacas locas dieron lugar a un gran negocio para la soja transgénica, la gripe porcina supuso el rescate con dinero público de muchas compañías farmacéuticas... No es que seamos mal pensados, es que hay antecedentes.

Por otro lado, esta crisis alimentaria y la hemeroteca que junto a ella se genera, alimentan nuevas preocupaciones. La bacteria en cuestión, la famosa *E. coli*, nos han explicado que es resistente a muchos antibióticos, de ahí su malignidad. Esta capacidad de ser inmune frente a los antibióticos, nos ha parecido entender, puede originarse en su hábitat natural, las granjas animales. Allí, para evitar que los animales enfermen, puede darse un abuso de antibióticos que poco a poco va provocando el desarrollo de estas superbacterias. ¿Lo hemos entendido bien? Es decir, ¿tenemos un sistema de producción de alimentos que degrada ese mismo arsenal médico que tantas vidas ha salvado?

Por último, el dispositivo de control alimentario, eso que llaman «la trazabilidad», ha tenido un gravísimo desliz. Algunas autoridades reaccionan diciendo que debemos mejorar el sistema de control, otras apuntan a que es el sistema productivo en sí lo que debemos cambiar. Entonces, ¿es un problema de antivirus y cortafuegos que ya no son suficientes, y debemos actualizarlos, o mejor sería reinstalar de nuevo todo el sistema operativo?

Durante el clímax de la película de la epidemia causada por la bacteria *E. coli* se acusó primero a los pepinos españoles, luego a los brotes verdes de soja que parece han vuelto a la rueda de reconocimiento, y a los que finalmente se atribuye este brote mortal. Pero se siguen oyendo voces de algunos investigadores que recomiendan que se analicen las granjas de ganadería intensiva que funcionan en la zona o incluso otros que apuntan a un origen en alguno de los múltiples usos de la *E. coli* en procesos de laboratorios alimentarios (esta bacteria es una herramienta común en muchas investigaciones, desde la cura del cáncer a la producción de transgénicos). Pero ya aparece el mensaje más peligroso de todos: la causa, dice la canciller Merkel, puede que nunca se sepa. Lo que nos temíamos, película *interruptus*.

La confianza que tan a menudo nos reclama la clase política a los ciudadanos va ligada a la transparencia y ante este caso, otra vez, la población consumidora se ha visto sorprendida por «lo que hay detrás» de nuestros alimentos, cómo se fabrican, por qué rutas viajan y quiénes ganan en este Monopoly nutritivo; además, nos hemos alarmado todos por los sucesivos cambios en las declaraciones de los responsables y en los titulares de los medios de comunicación. Quizá todo esto nos pasa, a la simple clase consumidora, por pura ignorancia personal. Pero se diría que juegan con nosotros.

En cualquier caso, hay que hacer una reflexión en profundidad sobre todos estos problemas, y la echamos en falta. Una reflexión por parte de todos los actores de este sistema formado por la gente del campo; la distribución, el transporte y el comercio; los responsables de los controles sanitarios, la administración y también, claro, la población consumidora. Estamos todos en el mismo barco pero en camarotes separados. Unos viajan en primera clase, otros en las bodegas. Así que es necesario charlar, pensar y repensar en cómo organizarnos, y conocer de verdad las características y necesidades de cada sector, para que la confianza y la capacidad de resolver problemas sea la característica de este nuevo modelo alimentario que vamos necesitando. Y esto sí es una urgencia.

7
RESULTADOS: HAMBRE EN EL SUR RURAL

Les ofrezco una fórmula infrecuente para analizar el hambre en el mundo: vamos a revisar las estadísticas de producción de alimentos. En la década de 1990 la producción de alimentos mundial creció un 25%. En cuestión de alimentos de origen animal, en 1980 se producía en el mundo un total de 465 millones de toneladas de leche, cifra que ascendió en 2007 a 671 millones, lo que equivale, más o menos, a un vaso de leche al día para cada persona de este planeta. En esos mismos años la producción de carne se duplicó hasta alcanzar 285 millones de toneladas, unos 100 gramos de carne por persona y día. Curiosamente, el 60% de toda esa carne se produce en los países llamados «en vías de desarrollo». La producción de huevos ha aumentado 2,5 veces, con lo que se obtiene el 70% también en dichos países.

Con estos datos parciales podríamos deducir que disponemos de suficientes alimentos para todas y todos, y especialmente para los que viven en los países empobrecidos. Pero la paradójica realidad es que mientras la producción de alimentos ha aumentado, el hambre también lo ha hecho. Si en 1990, 842 millones de personas padecían hambre, la cifra ascendió a 873 millones en 2004, para situarnos a finales del año pasado en 1.200 millones. Como dijo el secretario general de Naciones Unidas, Ban Ki-moon, al presentar estos datos el 16 de marzo de 2011 a la Asamblea General, «jamás hasta la fecha se había alcanzado esta cifra». También explicó que este aumento se ha dado tanto en números absolutos como en la proporción que las personas que padecen hambre representan sobre el total de la población mundial.

Así pues, me atrevo a teorizar —por irracional que parezca— que no es cierto que el hambre en el mundo obligue a aumentar la producción de alimentos; bien al contrario, cuanto más se produce, más hambre y más desigualdad se genera. Porque este sistema alimentario global capitalista que tenemos en funcionamiento se basa, al menos, en dos mecanismos perversos. Por un lado, se intensifica tanto la producción que apenas se requiere mano de obra y así millones de personas se quedan sin su medio de vida. Por otro, la búsqueda de beneficios de las corporaciones que están en este sector es tan ávida que esquilma la tierra y vacía los mares, agotando los recursos y las posibilidades de alimentación de las poblaciones rurales, mayoritariamente en el Sur.

Y POBREZA EN EL NORTE RURAL

¿Quiere ser agricultor? ¿Quiere ser agricultora? Bien, le explico las condiciones en un sector clave en el estado español, la aceituna. Deberá estar en marcha a las 10 h de la mañana. No se necesita mono de trabajo ni botas, con la indumentaria normal es suficiente. Se encontrará con las compañeras y los compañeros de faena en la puerta de uno de los Carrefour de su localidad. Una vez allí, se trata de cargar y comprar todas las garrafas de aceite disponibles de la oferta: una garrafa de cinco litros por 8,12 €. Y así, repetir la operación en el resto de establecimientos de esta cadena. Hasta agotar los *stocks* o hasta colmar la furgoneta.

Ya tenemos los olivos atendidos, la aceituna vareada y recolectada, el procesamiento y el envasado resuelto. Rápido, sin riesgos, sin mirar al cielo, con lo que los costes de producción se reducen a 1,62 €/litro aproximadamente.

Ahora falta encontrar comprador. Para ello debe dirigirse a la almazara correspondiente. Le pagarán a 2,10 € por cada litro. Los números salen redondos, si en un día es capaz de recolectar, digamos, 1.250 litros de aceite, obtendrá unos beneficios de 600 €. ¿Le parece duro el trabajo campesino?

Esta experiencia la realizaron tres jóvenes cordobeses durante la presente campaña. Y expone una de las prácticas utilizadas en este caso por una gran superficie; otras veces lo organizan las grandes envasadoras, para ofrecer producto a precios en los que se permiten (teóricamente) perder dinero. No les importa. El aceite, como la leche y otros productos básicos, se utilizan en las grandes superficies como productos «tractor». Una vez que, seducido por la oferta, ingresas en los dominios de la gran superficie, raro será que no compres nada más. Quizá son ofertas que duran apenas unas semanas, quizá sólo se encuentran en algunos territorios, pero durante ese período de tiempo, con las dificultades por las que pasan los pequeños comercios o las pequeñas cooperativas que envasan su propio aceite, tal competencia puede significar su desaparición. Uno menos con quien competir.

Y mientras, en estas guerras de precios, los productores y productoras de verdad, con olivos y sudor, sucumben también. En los últimos tres años se les está comprando el kilo de aceite por debajo de sus costes. Los costes medios de producción en cultivos tradicionales son de 2,4 €/kilo de aceite y a día de hoy se les paga a 1,81 €/kilo.

¿Quieren dedicarse al campo?

8
NO ME LO TRAGO

El desarrollo surge del crecimiento económico. Los transgénicos llegan para erradicar el hambre en el mundo. Los atuneros españoles en Somalia requieren de todo nuestro apoyo. La pequeña agricultura española vive sin trabajar gracias a los subsidios públicos. Las grandes superficies nos facilitan las compras además de ofrecernos precios muy ventajosos. El cambio climático lo resolveremos con mejor tecnología. La internacionalización de las empresas españolas las convierte en agentes de desarrollo y crean riqueza allí donde desembarcan. Los países africanos no son capaces de aprovechar sus recursos naturales. La acuicultura ofrece una alternativa al agotamiento de los recursos pesqueros. La seguridad alimentaria de nuestro país se garantiza con las producciones del Sur. La agricultura ecológica es poco productiva y costosa. Los agrocombustibles no son responsables del aumento del precio de los alimentos. La reforma agraria es una lucha obsoleta, del pasado... Que no, que no me lo trago.

Informaciones como éstas, que encontramos a diario presentadas como verdades absolutas, sin rendijas, tienen todas un propósito: consolidar una racionalidad que justifique el expolio y dominio que un centro global hace de las periferias y de la Madre Naturaleza, para poder seguir reproduciendo una forma de vida capitalista. Por eso me gusta recomendar, aprendiendo la fórmula propuesta por los movimientos feministas, que analicemos las cuestiones relacionadas con la agricultura colocándonos las gafas de la Soberanía Alimentaria.

Si la soberanía alimentaria se entiende como «el derecho de los pueblos a controlar sus propias semillas, tierras, agua y la producción de alimentos, garantizando, a través de una producción en armonía con la Madre Tierra, local y culturalmente apropiada, el acceso de los pueblos a alimentos suficientes, variados y nutritivos», vemos con sus gafas, un paisaje diferente al que acabamos de describir:

Somalia tiene derecho y prioridad en el acceso a los recursos pesqueros de su región; la revolución verde con su química, y ahora con los transgénicos, se apropia del conocimiento común y colectivo de las mentes campesinas; las corporaciones en el trono del Sistema Agrario Global sólo entienden de beneficios económicos y nada saben del acto de cultivar y proveer de alimentos; el cambio climático es un antiguo problema (con mucha responsabilidad en la agricultura industrial) que no pueden resolver las nuevas tecnologías; el acceso a la tierra es la base de las desigualdades en el campo (un problema acentuado hoy día con la especulación que se está dando sobre la tierra cultivable); la internacionalización de las empresas es, en realidad, una deslocalización que sólo busca rebajar sus costes laborales y encontrar medidas medioambientales más permisivas; la agricultura campesina o ecológica, la agroecología, es capaz de alimentar al planeta a la vez que lo enfría; la acuicultura está diseñada casi exclusivamente para disponer de productos interesantes para la exportación, es decir, de nuevo para nutrir al saciado centro global... Que sí, que con estas gafas descubrimos un cúmulo de atropellos e injusticias a la vez que nos presentan opciones posibles para reinventar, recuperando sabidurías pasadas, un nuevo modelo de alimentación.

PORQUE TENEMOS LA RESPUESTA

Desde muchos lugares del planeta están llegando informaciones coincidentes en una misma dirección: parece que se están moviendo piezas que tratan de generar un cambio muy drástico en el modelo agrícola actual. Si eso prospera, muchas cosas se alterarán, se desorganizarán, pudiendo ser el principio de una revolución en este terreno, mucho más trascendental que aquella mal llamada «revolución verde». Así que todas aquellas personas que estemos preocupadas por el planeta y su supervivencia —que es la nuestra—, tendremos que estar atentas. Se ruega a todos que levanten las antenas y que hagan circular la información que puedan recibir. Más que nunca tenemos que saber qué se trama.

Las primeras noticias a las que he tenido acceso hablan de una agricultura que produce más comida por hectárea que la agricultura industrial, esa que en teoría tanto nos está alimentando. ¿Será posible aumentar esos índices? Si así fuera, tendríamos un asombroso efecto: podría significar mayor autosuficiencia y mejores ingresos para las familias, pueblos y países que practiquen esta renovada agricultura, lo que llevaría a la ruina o la casi desaparición de las corporaciones de la alimentación. Las pocas y grandes empresas que se han mantenido en los primeros puestos de venta (y control) de las semillas, genética animal, fertilizantes, pesticidas... no podrán competir contra una agricultura que —dicen—

es funcional con semillas autóctonas y tradicionales, que recupera y revaloriza razas autóctonas más fuertes y rústicas, que no utiliza química para sus labores y, ¡magia potagia!, que no depende del petróleo.

Se ha filtrado también que detrás de esta agricultura están las y los pequeños campesinos. Que son ellas y ellos los impulsores de este cambio profundo, pero, como bichos raros que son, no tienen problema alguno en compartir, enseñar y ceder su saber. Es decir, puede ser, y acabará siendo, el fin de una hegemonía que tiene sedes y poltronas en las universidades, en las escuelas técnicas, en los institutos de investigación y en las corporaciones monopolísticas de la agroindustria, desde la semilla hasta la distribución.

Algunas prestigiosas organizaciones especializadas en analizar los impactos de la agricultura, pesca, ganadería... en fin, todo el sistema alimentario actual —de escondidas o disimulando—, han analizado esta forma de producir y distribuir alimentos, y han llegado a dos conclusiones, de nuevo, colosales. Por un lado, han corroborado que «mientras el modelo alimentario global actual es el responsable de más de la mitad de emisiones de CO_2 que asfixian la atmósfera», esta otra agricultura se maneja con métodos y procesos capaces de almacenar más CO_2 del que emiten. Vamos, una agricultura que abre las ventanas y enfría el planeta, además de ser mucho más adaptable a los venideros cambios climáticos. Por otro, han podido estudiar que, al igual que la agricultura industrial o convencional, con sus excesos químicos, hormonales y artimañas varias, tiene efectos preocupantes sobre la salud de quienes trabajan en ella y de quienes nos alimentamos de ella, esta agricultura revolucionaria sólo es rica en calidad, frescura y salubridad.

¿Será por todo esto que quieren ocultarla, desprestigiarla y boicotearla? La agroecología, que así se la conoce, sabe de virtudes muy poco apreciadas por el paladar capitalista: reduce el consumo de agroquímicos, conserva y difunde material genético y depende del saber campesino. Nada con lo que enriquecer bolsillos.

Ya lo saben, que corra la voz. Y estemos preparados. Nos incumbe.

EPÍLOGO

CONTRA EL MONOCULTIVO DEL PENSAMIENTO

Noam Chomsky publicó lo que él llamó las diez estrategias de manipulación mediática. Diez formas de alejar a la población de la verdad y de adormecerla en la medida de lo posible. Quisiera, a partir de algunas ideas de ese decálogo, analizar qué información nos llega, mayoritariamente, desde los medios de comunicación, desde la publicidad y la gobernanza en general, acerca de la agricultura, la alimentación y, en particular, del hambre.

Primero, y con el argumento de la distracción, se busca eso, alejarnos de cuestiones fundamentales para el devenir de la civilización, llevando nuestra atención a temas banales, sin ninguna importancia.

Segundo, cuando llega el momento de hablar de los problemas del hambre, se suele acabar planteando un problema falso, para que estemos todas y todos de acuerdo en aceptar una solución interesada. Suele ser habitual situar el problema del hambre en la falta de productividad:

«que no tendremos alimentos para tantas personas», «que el aumento de la demanda en China e India obliga a más producción», etcétera. La solución —su solución— entonces entra en bandeja de plata y se postula que la biotecnología salvará al mundo. Si supiéramos que la escasez de alimentos es mentira, ¿aceptaríamos sus recetas rellenas de transgénicos?

Tercero, la estrategia de falsas (o muy improbables) expectativas es el método utilizado para convencernos de que, por el momento, no son necesarias medidas correctoras. ¿Si el petróleo se acaba, no deberíamos buscar otras maneras de producir alimentos menos dependientes? Si el cambio climático lo tenemos encima, ¿no deberíamos prescindir de modelos productivos contaminantes? No —contestan— ya encontraremos una fuente alternativa, una solución mágica, no hay prisa. Es el mensaje «tecnoptimista» de quien no quiere cambiar nada, porque todo le va muy bien.

Cuarto, el mal uso de las imágenes de personas sufriendo hambre o pobreza es un recurso clásico y desafortunado de presentarnos una realidad, existente, desde luego, pero con otras muchas aristas y enfoques. Los impactos emocionales suelen desviarnos del sentido común y de la reflexión crítica que debemos agudizar en estos momentos. Será por eso que, en general, es más fácil encontrar opiniones de «pobre gente, cuánta ayuda necesitan», que preguntarse «¿qué hace que estas personas se encuentren en esta situación?».

Quinto, el pacto entre el poder y la ciencia oficial. Es común que muchos posicionamientos se escuden en la «infalibilidad de la ciencia», ese ser alejado, intocable, capaz de hacernos sentir ignorantes absolutos. Son muchos los casos, por ejemplo, de campesinas y campesinos que, teniendo, gracias a la experiencia propia (una forma de ciencia desautorizada), buenos resultados de sus cultivos, cambian a otras prácticas menos apropiadas porque «lo dicen los servicios técnicos» (añadan: de las empresas que se beneficiarán). El extremo se alcanza cuando se defienden los argumentos científicos por encima de los políticos y sociales.

Sexto, reforzar la autoculpabilidad de todos nosotros y nosotras como consumidores. Acaban haciéndonos sentir culpables porque no somos del todo coherentes en nuestro consumo y no cumplimos con los estándares del consumidor responsable. Ésta es sólo una táctica más para alejarnos de una actitud de rebeldía contra el sistema económico, el verdadero responsable.

Y lo mismo podíamos decir, para acabar,

cuando se nos aleja mucho de las posibles soluciones. Es aquello de «no podemos cambiar nada», «las decisiones se toman muy lejos de nuestras esferas», «las fuerzas contrarias son muy poderosas», etcétera.

Para que vean que lo que les digo no son imaginaciones mías, les informo sobre dos declaraciones procedentes de Naciones Unidas, que no han encontrado eco mediático y que contrastan enormemente con lo que nos explican cuando hablamos de agricultura y hambre en el mundo. Por un lado, según Oliver De Schutter, relator especial para la Alimentación de la ONU, «en lo que a la seguridad alimentaria mundial se refiere, el rendimiento de la agroecología o agricultura ecológica supera ya al de la agricultura industrial a gran escala». Por consiguiente, frente al discurso oficialista, lo que propone De Schutter es que «los gobiernos y las agencias internacionales deben promover urgentemente las técnicas de cultivo ecológicas para aumentar la producción de alimentos y salvar el clima». Por otro lado, y según un informe del Programa de Naciones Unidas para el Medio Ambiente, «si se adoptan mayoritariamente los sistemas agroecológicos, que han demostrado su eficacia en la reducción de las emisiones, el sector de la agricultura podría neutralizar la mayor parte de sus emisiones de carbono antes de 2030 y producir alimentos suficientes para una población que probablemente alcance los 9.000 millones en el 2050».

Dos declaraciones muy similares, alejadas de los moldes habituales, que contrastan con la última operación de la Fundación Gates, que ahora trabaja aliada, y con participaciones, con el gigante Monsanto (Jefe de la Agricultura Industrial), y que propone remedar en África el modelo de agricultura intensiva y dependiente de semillas y agrotóxicos. Monsanto llama a este engendro, con la boca bien grande, la Nueva Revolución Verde. Gates la llama Revolución Verde 2.0.

Aviso: nos distraerán, nos mentirán, nos venderán sueños imposibles, coquetearán con nuestro corazón, nos harán sentir malas personas y nos presentarán todos los datos a su favor, para que creamos, apoyemos y confiemos en su buen saber y su buen hacer.

APÉNDICES

1. LA HISTORIA DE LA QUÍMICA ALIMENTARIA

Una parte de la historia no se cuenta en los libros de escuela. Las bibliotecas se olvidaron de ella y sólo llena las páginas de los registros de defunciones. Las corporaciones responsables de ellas —fábricas de agrotóxicos— están cómodas en la distracción. Sus pócimas para el cultivo de alimentos son irrespirables y... sin respirar no se vive.

Guerra Civil en Estados Unidos. La mayor suministradora de pólvora para el ejército de la Unión fue DuPont. DuPont, coinventora de los CFC (sustancias dañinas para la capa de ozono) sigue hoy metida en negocios químicos: es dueña de Pionner, una de las impulsoras de semillas transgénicas resistentes a agroquímicos, especialmente el glifosato.

Segunda Guerra Mundial. El gas Zyklon B que se utilizaba en las cámaras de exterminio nazi era un insecticida fabricado por IG Farben. Lo supieron millones de seres humanos. La herencia de IG Farben se repartió entre Bayer, BASF y Hoechst. Todo, excepto las responsabilidades penales.

1945. Mientras la bomba atómica destruía Hiroshima, un barco norteamericano viajaba también hacia Japón. En sus bodegas transportaba agrotóxicos. La guerra para estrenarlos tuvo que esperar. El «agente naranja» destruyó millones de hectáreas de bosques y cultivos en la guerra del Vietnam (1956). Sólo los soldados americanos afectados por los efectos cancerígenos del veneno de Dow Chemical o Monsanto recibieron indemnización. Ningún vietnamita fue indemnizado.

1979. Estados Unidos prohibió el uso del agrotóxico Nemagón. Dow Chemical, su productora, sabía de sus efectos sobre la salud de las personas que lo utilizaran. Pero alargaron la venta en las plantaciones de Centroamérica. Sólo en Nicaragua han muerto más de 1.400 trabajadores y trabajadoras expuestos al veneno.

1984. La fábrica de pesticidas de Unión Carbide en Bhopal, India, escupió veneno y más de 10.000 personas murieron en pocos días. Otras 15.000 personas han fallecido en los años siguientes y más de 100.000 continúan con problemas de salud, como consecuencia de aquel gravísimo caso. Dow Chemical, que compró

Unión Carbide, tenía aprendido el negocio: la transacción no incluye responsabilidad sobre lo sucedido.

2010. Se cierra el círculo. Una revista científica publica un estudio que demuestra que malformaciones observadas en humanos coinciden con la exposición al glifosato de las mujeres durante el embarazo. Pero sigue en expansión la soja transgénica devota del glifosato de compañías como Monsanto, DuPont o Bayer.

Los banquillos de la justicia [des]esperan.

2. SI EL MUNDO FUERA UNA ALDEA DE 100 PERSONAS...

... 25 serían pequeñas campesinas y campesinos en sus fincas, huertos o chacras distribuidas por la aldea. Tres personas más serían población nómada que viviría del pastoreo de animales. Dos personas estarían involucradas en actividades pesqueras artesanales para el consumo humano. Trece hombres y mujeres cuidarían huertos urbanos para su propio consumo y tres de ellos distribuirían sus excedentes en los mercados locales. Por último, siete personas vivirían en o junto a los bosques y selvas recolectando parte de sus propios alimentos.

En esa aldea la mitad de las tierras cultivables estaría repartida en parcelas inferiores a cinco hectáreas entre una gran mayoría de campesinas y campesinos. La otra mitad, la de muy pocos, sufriría una invasión de plantaciones de soja, eucaliptos, palma africana y caña de azúcar, que no nos alimentarían, ocupando el 20% del total de las tierras fértiles.

En la aldea, el 50% de los alimentos que nutrirían a sus habitantes habría sido producido por el campesinado a pequeña escala; un 12,5% llegaría de la recolección y de la caza; y el 7,5% se produciría en pequeños huertos y balcones de las ciudades y extrarradios por sus propios habitantes. Entonces, sólo un 30% del total de alimentos de la aldea provendría de la «cadena alimentaria industrial».

Sí, aunque nos pueda sorprender —si entrelazamos ambas estadísticas—, en esta aldea y en nuestro mundo también, la mitad de la población dedica su tiempo a producir alimentos a pequeña escala: mujeres y hombres que cultivan, cosechan, recolectan, crían ganado, cazan, pescan, pastorean, trabajan tierra que no les pertenece... generando, finalmente, la comida necesaria para más de 70 personas de la aldea.

Además, la seguridad alimentaria que ellas y ellos nos ofrecen, en su mayor parte, se produce sin abusos químicos y favoreciendo el mantenimiento de la biodiversidad. Mientras que la ganadería industrial trabaja con sólo 100 variedades de sólo cinco especies de ganado, las campesinas y los campesinos crían 40 especies de ganado y casi ocho mil variedades. Y si las corporaciones semilleras centran sus inversiones en una docena de cultivos, el campesinado cultiva cinco mil variedades vegetales y ha aportado casi dos millones de nuevas variedades al haber genético del planeta.

¿Podemos rebajar más ese 30% industrial generador no de alimentos sino de hambre?

3. INFORMARSE, INVESTIGAR, ENTENDER, PRACTICAR E INTEGRARSE

Veinte ideas para conectar con la información y las gentes que resisten y luchan en favor de una alimentación justa, sana y de calidad.

INFORMACIÓN sobre el sistema alimentario global:
www.soberaniaalimentaria.info
www.grain.org
www.biodiversidadla.org
www.etcgroup.org/es

INVESTIGAR sobre lo que nos quieren hacer tragar:
www.opcions.org/es
www.consumpedia.org/es
www.notecomaselmundo.org
www.rebelion.org

ENTENDER qué son y para qué vinieron los alimentos transgénicos:
www.tierra.org
www.somloquesembrem.org
www.ecologistasenaccion.org
www.greenpeace.org/raw/content/espana/reports/gu-a-roja-y-verde.pdf

PRACTICAR la soberanía alimentaria:
www.lafertilidaddelatierra.com
www.ecoconsum.org
www.slowfood.es
www.consumersinternational.org

INTEGRARSE en organizaciones alternativas:
www.nodo50.org/plataformarural.
www.laviacampesina.org
www.coag.org
www.cecu.es

4. TODAS Y TODOS SOMOS AMIGOS DE LA TIERRA

Amigos de la Tierra es una asociación ecologista que trabaja para fomentar los cambios necesarios, local y globalmente, que contribuyen a crear una sociedad respetuosa con el medio ambiente, y además justa y solidaria. Realiza campañas sobre agricultura y alimentación; cambio climático y energía; recursos y residuos; y fomenta la soberanía alimentaria y energética, la justicia climática y la reducción del consumo de recursos.

Amigos de la Tierra está presente en España y otros setenta y seis países, y tiene alrededor de 5.000 grupos locales en cada continente. Combate el actual modelo de globalización económica y corporativa, y promueve soluciones que tratan de contribuir a crear sociedades ambientalmente sostenibles y socialmente justas.

Entre sus muchas acciones a favor de la Soberanía Alimentaria, Amigos de la Tierra lucha contra la liberación de transgénicos al medio ambiente, resiste la introducción de los agrocombustibles, pues entiende que son una falsa solución al problema del cambio climático, defiende una política agraria social y sostenible, y promueve alternativas agroecológicas.

Amigos de la Tierra

www.tierra.org

Gustavo Duch Guillot es autor de *Lo que hay que tragar* y coordinador de la revista *Soberanía Alimentaria, Biodiversidad y Culturas*.
www.gustavoduch.wordpress.com.

Para la composición del texto se han utilizado tipos de la familia Sabon, a cuerpo 11,5 sobre 14,4. Diseñada por Jan Tschichold en 1967, esta fuente se caracteriza por su magnífica legibilidad y sus formas muy clásicas, pues Tschichold se inspiró para sus diseños en la tipografía creada por Claude Garamond en el siglo XVI.

Este libro fue maquetado en los talleres gama, sl. Fue impreso y encuadernado para Los libros del lince por Thau, S.L., con papel Snowbright de 70 gramos (mano 1,8), de Hellofoss AS, Hokksund (Norway), agosto de 2011.

Impreso en España / *Printed in Spain*

EL ROJO Y EL NEGRO
Gustavo Duch
LO QUE HAY QUE TRAGAR
Minienciclopedia de política y alimentación
Prólogo de Federico Mayor Zaragoza
los libros del lince

LAS
VOCES
DEL
15-M
los panfletos del lince

Sin fronteras
Raj Patel
Obesos y famélicos
El impacto de la globalización
en el sistema alimentario mundial
los libros del lince